De turista en Alemania

Una guía práctica para que explores la cultura alemana a través de sus lugares, comida e idioma

Título: *De turista en Alemania*

Autor: Leslie Urrutia Rodríguez

Correccción de estilo: Magalli Delgadillo Castañeda
Diseño editorial y portada: Leslie Urrutia Rodríguez
Ilustraciones: Leslie Urrutia Rodríguez
y Mariana Estefanía Fernández Jiménez
Año de publicación: 2020
Primera Edición
ISBN: 978-607-29-2239-6

Hecho en México.

Índice

Schloss Neuschwanstein | **Füssen**

Hallo!

Mi nombre es Leslie y soy mexicana. Hace tiempo tuve la oportunidad de vivir en Alemania durante un año y a través de estas páginas, quiero compartir contigo de forma muy práctica mis **experiencias**, **conocimientos** y **recomendaciones** para que tu visita en este gran país sea agradable y única.

Así que, una de las primeras cosas que debes hacer es conocer un poco la **cultura**, **idioma** y **lugares** que vas a visitar, así sea por un corto periodo, ya que te ahorrarás tiempo y tendrás resueltas ciertas dudas que te puedan surgir en tu viaje.

Por ejemplo, podrás prevenir inconvenientes como sufrir del frío congelador alemán al salir a las calles, si no vistes de forma correcta en invierno o evitar algún comportamiento inadecuado para los alemanes. Tomar en cuenta estos **tips** te permitirá disfrutar aún más la **cultura alemana**, lo que hará de tu experiencia algo muy especial y más placentera.

Voy a compartir contigo un panorama de la **cultura alemana** que obtuve a través de mi experiencia; te daré recomendaciones que facilitaron algunas actividades en mi estancia.

Alemania no sólo es un lugar atractivo por su **cultura, castillos, paisajes, gastronomía** y por supuesto sus **bebidas** (cerveza), sino por su idioma oficial que es el alemán, el cual también es hablado en otros países cercanos como Austria, Suiza, Liechtenstein y Luxemburgo.

Cuando viajas a un país en donde no se habla tu lengua materna, puede ser difícil comunicarte. En este libro conocerás, a nivel básico, cómo funciona el idioma alemán: **gramática, pronunciación** y **vocabulario** elemental, para interactuar con las personas y aprender las frases que seguro utilizarás en tu viaje como turista. Si logras comprender a nivel básico este idioma, apreciarás mejor las curiosidades de la lengua y la cultura.

Tal vez el alemán, no es sencillo para quienes hablan español, ya que tiene características muy diferentes a las lenguas romances, pero si sabes algo de inglés podrás notar que tiene algunas similitudes porque tienen el mismo origen (ambas son lenguas germánicas), sin embargo, el **alemán es mucho más complejo** debido a que tiene algunas reglas gramaticales que pueden parecer complicadas como la existencia de sustantivos masculinos, femeninos y neutros, o que los números se dicen al revés (primero la unidad y después la decena), entre otras.

No te preocupes si te llega a costar trabajo el idioma, aunque tengas errores, los nativos harán lo posible por ayudarte al ver que te interesas en aprenderlo y será más sencillo interactuar con ellos.

Además te hablaré de las **tradiciones** más populares, el **clima** y **platillos típicos** para que puedas aprovechar al máximo tu viaje a Alemania.

¡Disfruta de tu próximo viaje a Alemania
y pon en práctica lo aprendido!

Mi experiencia viajera en Alemania

Desde hace tiempo me han gustado los idiomas y el alemán siempre me pareció interesante, por eso decidí aprenderlo. Fue así como empecé a conocer más sobre la cultura y me llamó la atención la posibilidad de vivir un tiempo en Alemania.

Trabajé como *Au Pair*, cuidadora de niños, durante un año. Esto cambió mi perspectiva de ver el mundo: ahora valoro más que antes a mí país. No importa qué cultura o país sea el que visites, todos tienen cosas buenas y malas, que al final de cuentas, contribuyen al crecimiento personal.

Mi experiencia como *Au Pair* no siempre fue maravillosa, pero esos momentos difíciles, lejos de casa, familia y amigos fueron los que me enseñaron mucho de mí misma y me di cuenta de que soy capaz de superar situaciones complicadas que requieren de valentía, fuerza, tolerancia y rápida adaptación.

La **experiencia de cada viajero es única** y cada uno
se lleva una parte del sitio que visita.
En mi caso, fue un periodo lleno de vivencias
inolvidables y aprendizajes que, después de algunos
años, sigo procesando.

Por lo cual, te recomiendo aprender de todo,
disfrutar cada momento y llevar en la maleta
un poco de **paciencia**, **bagaje cultural** y todas las
ganas de captar, de todas las formas posibles,
una nueva cultura.

Windmühlen | **Siebenbäumen**

Cultura alemana

¡Llegamos a territorio alemán!

Ahora sí, llegamos a **Alemania**, un país con más de 150 castillos y con excelente ubicación que facilita viajar a cualquier parte en poco tiempo, por la eficiencia de su transporte. Gracias a esto, puedes conocer países vecinos y culturas diferentes de forma muy sencilla y económica.

A continuación comparto algunos datos generales:

Alemania

Se divide en **16 estados**

Capital: **Berlín**

Idioma oficial: **Alemán**

Moneda: **Euro**

Religión principal: **Cristianismo**
Un gran porcentaje se
considera sin religión

**Segundo país más poblado
de Europa después de Rusia**

**Hay una cantidad
considerable de turcos**

Ciudades más grandes:
Berlín
Múnich
Hamburgo
Colonia
Frankfurt
Stuttgart

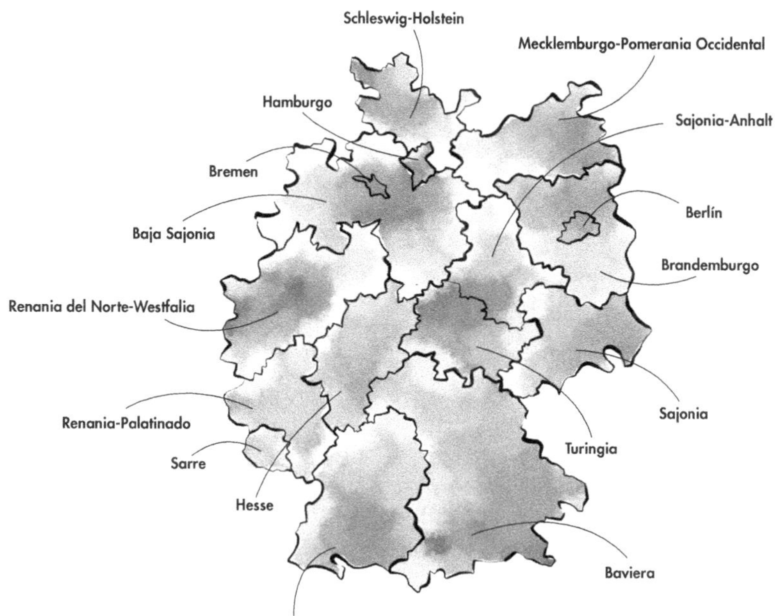

Pude percibir la influencia que tienen países vecinos o cercanos en la cultura alemana. Por ejemplo, en el idioma, el holandés y el alemán tienen similitudes o en la comida; encontrar heladerías italianas en territorio alemán es muy común. Esto contribuye a queAlemania sea un país multicultural, lo cual lo hace aún más interesante.

Para mí, que vivo en un país tan grande como México, fue sorprendente darme cuenta de lo pequeño que es Europa y en este caso, Alemania, por lo que las distancias siempre me parecieron cortas y la posibilidad de estar en otro país, con tan sólo viajar un par de horas, es algo que me ha encantado.

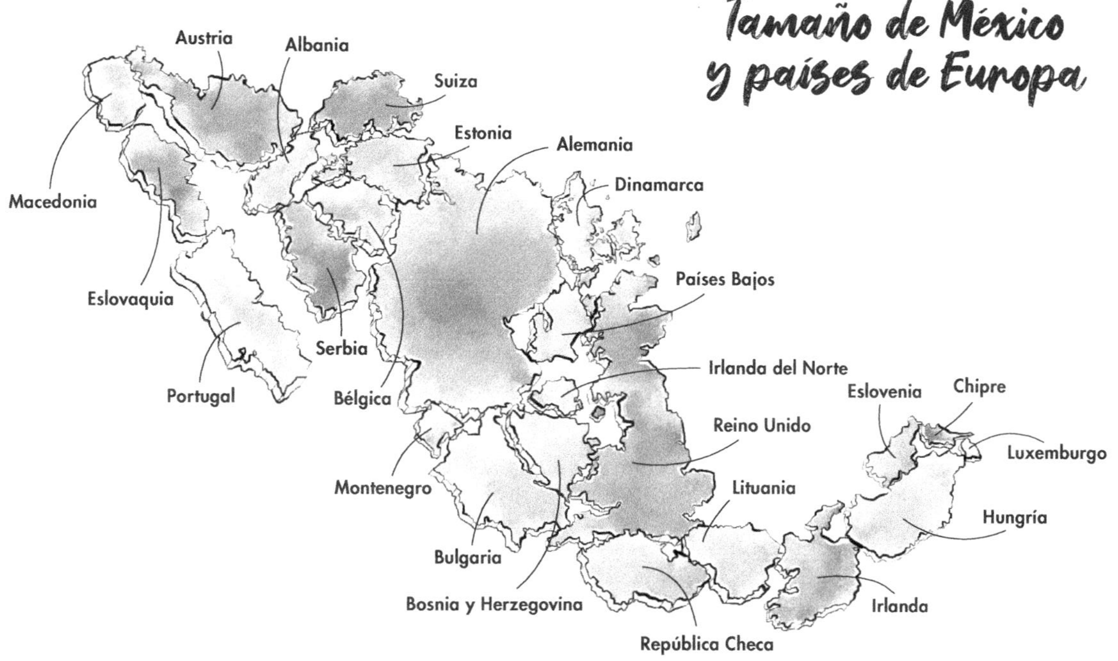

Tamaño de México y países de Europa
Austria
Albania
Suiza
Estonia
Alemania
Dinamarca
Países Bajos
Irlanda del Norte
Eslovenia
Chipre
Luxemburgo
Reino Unido
Lituania
Hungría
Irlanda
República Checa
Bosnia y Herzegovina
Bulgaria
Montenegro
Bélgica
Serbia
Portugal
Eslovaquia
Macedonia

¡Lo que debes saber de los alemanes!

A diferencia de otras culturas, en este país hay **reglas muy claras** y en ellas predomina la **puntualidad** y la **disciplina**. Además de la conciencia de **respeto de las personas hacia su entorno**.

Prueba de ello es que es uno de los países líderes en el cuidado del **medio ambiente**: les gusta tener muchas áreas verdes a su alrededor y cuidar de ellas; además, tienen una cultura de reciclaje que permite aprovechar gran parte de los residuos.

La mayoría de sus ciudades y pueblos suelen estar muy limpios.
Todo y cada uno de los servicios o actividades se realizan con el mayor cuidado y casi para todo, hay **horarios**. Por ejemplo, nunca se te ocurra realizar labores de limpieza o reparación que causen ruidos entre las 10 de la noche y las 7 de la mañana porque es considerado de mala educación.

Hablando de **"reglas no escritas"**, te presento algunos de los aspectos únicos e interesantes que predominan en la cultura alemana y que te serán de utilidad: **les gusta el orden, siguen las normas, son muy francos y planean. La espontaneidad no es parte de la cultura alemana.**

¡Puntualidad! Para los alemanes es importante respetar el tiempo de los demás, por lo que la mayoría suele llegar a tiempo a una cita. No necesariamente al minuto exacto, pero sí con pocos minutos de demora. Además, suelen avisar con anticipación si van retrasados.

La **precisión en los tiempos en el transporte público** también es importante porque los trenes casi nunca se retrasan, así que no llegues ni un minuto tarde porque lo perderás.

Si de leer se trata, son **disciplinados** y en promedio, los alemanes leen un libro, al menos, una vez por semana.

Los domingos son los días de **descanso obligado** para los alemanes (*Ruhetag*). No los interrumpas porque seguramente lo aprovecharán para ver **fútbol**, el deporte que los enloquece y por el cual existe una gran afición muy parecida a la de mi país, México.

Si en este día de descanso quieres dar un paseo no te sorprendas al encontrar muchos lugares cerrados como centros comerciales y tiendas. Lo único que verás abierto son los museos y sitios turísticos que se encuentran en las ciudades grandes de Alemania.

El transporte también funcionará pero con menos horarios que el resto de la semana, así que toma tus precauciones.

¿Qué hacer y qué no hacer en Alemania?

Cerveza es sinónimo de Alemania. La bebida de cebada es tan popular que está permitido beberla en la **vía pública**. Podrás ver a la gente caminando con su cerveza sin ningún problema.

En Alemania, está prohibido hacer el **saludo nazi**, así seas turista puedes ser acreedor a una multa por ser considerado una gran falta de respeto.

Si conoces a un alemán en tu viaje, no olvides que ellos **no suelen ser muy afectivos** al momento de conocer a nuevas personas. Evita saludarlos de beso y sólo dales la mano.

Tradiciones alemanas

Hafengeburtstag | **Hamburg**

Alemanes ¿Aburridos?

Considero que Alemania no tiene tantas tradiciones en comparación con México y que también han adoptado festividades de otros países como la Pascua y Navidad, con algunas variaciones y adaptaciones a la propia cultura. Sin embargo, las tradiciones 100% alemanas están lejos de ser poco atractivas. A continuación te comparto las más populares.

Mercados navideños

En los meses de noviembre y diciembre es común encontrar los mercados navideños (*Weihnachtsmärkete*) en las grandes ciudades, hechos de madera y decorados de tal manera que parecen sacados de un cuento de hadas. Ahí podrás encontrar juguetes, artesanías, dulces y comida tradicional.

Si buscas artesanías puedes encontrar los *Räuchermann* (hombre fumador) una figurilla antropomorfa de madera que representa diferentes oficios y que sostiene una pipa, donde se coloca incienso que al encender, pareciera que está fumando. Muchos alemanes los tienen en sus casas para decorar y aromatizar el hogar en invierno.

La bebida más tradicional y que deberías probar es el *Glühwein* (vino caliente), un vino tinto caliente con especias como canela y clavo; la comida también es especial, aquí encuentras las famosas *Süssekaroffel Pommes* que son papas fritas dulces hechas de camote. Si buscas dulces puedes encontrar las famosas galletas de jengibre en forma de corazón llamadas *Lebkuchenherz*.
El ambiente es muy agradable y por ser invierno es un gran momento para tomar una deliciosa taza de chocolate caliente.

Puedes probar también algunos platillos típicos alemanes de los que te hablaré más adelante.

Recomendación turística

Si visitas alguno de estos mercados no olvides ir muy bien abrigado porque en invierno, sobre todo en la noche, bajan las temperaturas. Es recomendable que vayas cuando oscurezca para poder apreciar mejor la decoración de luces.

Originalmente los mercados navideños servían para que las personas se abastecieran de provisiones para el invierno.

¡El aniversario del puerto de Hamburgo!

Como parte de las festividades, se celebra el aniversario del puerto de Hamburgo *der Hafengeburtstag* a principios de mayo.
¡Es imperdible!

Cada año esta conmemoración tiene lugar en el puerto de la ciudad de Hamburgo, el más grande del país y el cual se fundó en 1189. En esta festividad hay un desfile con gran cantidad de barcos y veleros que vienen de todo el mundo para la celebración.

Este evento es bastante impresionante y muy recomendado. Durante el día puedes visitar los barcos de la marina y por la noche no te puedes perder del gran espectáculo de fuegos artificiales que realiza el crucero AIDA, compañía de cruceros muy popular en Alemania; puedes probar la **gastronomía del mar, asistir a conciertos al aire libre, ver espectáculos de bailes típicos** y disfrutar del ambiente festivo en el hermoso Puerto de Hamburgo.

Recomendación turística

Al visitar la ciudad de Hamburgo, en mayo, mantente pendiente del primer fin de semana, ya que es cuando se lleva a cabo el famoso espectáculo de fuegos artificiales.
El espectáculo empieza alrededor de las 11 de la noche.

El grupo inglés *The Beatles* tuvo sus orígenes en Hamburgo. El primer formato de la banda, compuesto por cinco artistas alcanzó la fama tocando en clubes ubicados en el barrio rojo de la ciudad entre 1960 y diciembre de 1962. En este barrio de Hamburgo existen unas figurillas de metal de los integrantes como homenaje.

¡Oktoberfest!

Este evento se realiza cada año, un sábado de septiembre, y termina de 16 a 18 días después. Debes consultar la fecha exacta cada año. Se trata del festival más popular de Alemania en la ciudad de Múnich, el cual comenzó a festejarse en 1810 con la boda del príncipe heredero Luis de Baviera con la princesa Teresa de Sajonia-Hildburghausen en esta ciudad y ahora es una tradición.

En esta fiesta es típico **bailar en las grandes carpas, beber cerveza y comer las tradicionales salchichas bávaras *Weisswurst*** o salchicha blanca hecha con carne de ternera. Además se presentan espectáculos de bailes tradicionales y se visten con los trajes típicos alemanes: *Lederhosen*, pantalones de cuero típicos para hombres, y el *Dirndl*, vestido típico bávaro y austriaco, del alemán *dirne*, y del bajo sajón *deern*, que significa *jovencita*.

Recomendación turística

Si no es posible ir a la ciudad de Múnich para presenciar el Oktoberfest, pero visitas alguna otra ciudad grande de Alemania durante estas fechas, puedes buscar en el centro de la ciudad donde te encuentres una carpa del Oktoberfest. Ahí también lo celebran de manera muy similar.

El lazo con el que se ata el delantal del vestido típico *Dirndl* simbolizaba antiguamente el estado civil de las mujeres: si se ataba el lazo al lado derecho, esto significaba que estaba casada o comprometida, y si el lazo iba al lado izquierdo quería decir que estaba soltera. Por su parte, sólo las viudas usaban el lazo atado atrás.

Además de estas tradiciones, en Alemania existen otros festivales que son propios de cierta región, por ejemplo, en septiembre y octubre se lleva a cabo el Festival del Vino (*Weinfest*) en Rhein- Nahe, Rheingau, Pfalz y Mosel que son regiones vinícolas alemanas.

Asimismo existe el *Karneval* o *Fasnacht* que significa **carnaval**. A esta festividad se le denomina también "La quinta estación del año". Los carnavales más conocidos son los de las ciudades de Maguncia y Rottweil, pero el más popular es el de la ciudad de Colonia en el mes de febrero y dura 5 días. En él se despliegan carrozas desde las que se tiran dulces, confeti y chocolates; además hay juegos mecánicos y desfiles por las calles donde la gente se disfraza con trajes típicos de la celebración o de lo que se les ocurra.

Por estas y otras fiestas te darás cuenta que Alemania sabe divertirse.

El clima

¿Calor, frío, lluvia?

Das Wetter o el clima es muy contrastante en Alemania: hay veranos muy soleados, pero inviernos muy fríos y nublados. Así que asegúrate de vestir adecuadamente para la temporada en la que vayas.

Der Frühling o primavera (del 21 de marzo al 21 de junio)

El principio de la primavera suele ser frío, pero con el paso de los meses la temperatura incrementa. Se pueden presentar lluvias.

Der Sommer o verano (del 21 de junio al 23 de septiembre)

En verano los días suelen ser más largos y calurosos. En el norte puede anochecer hasta las 10 de la noche. También es el periodo en el que más llueve. El sur de Alemania es más cálido en verano que el norte. Agosto es el mes más caluroso.

Der Herbst u otoño (del 23 de septiembre al 21 de diciembre)

Durante los dos primeros meses existe un clima agradable, pero también puede hacer frío y llover. En los últimos meses desciende la temperatura, los días se vuelven más cortos y puede nevar.

Der Winter o invierno (del 22 de diciembre al 21 de marzo)

En estas fechas suelen registrarse temperaturas bajo cero y puede nevar dependiendo del lugar a donde vayas, generalmente en las partes cercanas a los Alpes Bávaros aumentan estas posibilidades. Diciembre y enero suelen ser los meses más fríos. Además, en invierno las noches son más largas porque oscurece más temprano. En el norte puede oscurecerse a las 4 de la tarde.

Vestimenta para invierno

Es importante considerar lo que debes vestir si visitas Alemania en invierno, pues de esto dependerá que tu viaje sea más agradable al no pasar frío mientras recorras las calles, aunque en lugares cerrados siempre habrá calefacción.

No es necesario comprar ropa especial para estas temporadas. El secreto es usar más de una capa de ropa y cubrir tu cabeza, orejas y pies lo mejor que puedas, ya que son las partes más sensibles al frío. Estos mismos consejos aplican si quieres viajar a un país vecino en época de invierno.

1

Ropa interior y calcetines
gruesos que lleguen
arriba de los tobillos

2

Mallones o un pantalón delgado
de algodón y un suéter

3

La chamarra o abrigo más
grueso que tengas y cualquier
pantalón de mezclilla

4

Una bufanda larga que puedas darle
al menos dos vueltas alrededor
de tu cuello

5

Si puedes conseguir un gorro que tenga
por dentro pelo sintético y largo, sería
mejor para poder cubrir tus orejas

6

Debes usar los guantes
más gruesos que encuentres

7

Debes usar botas con suela antiderrapante y arriba
de los tobillos para que no se les filtre el aire ni el agua.
Unas botas tipo militar funcionan muy bien

Recomendación turística

La mejor época para viajar a Alemania es en verano y otoño.

¿Por qué en verano?

Es impresionante ver que el sol se oculta pasando las 10 de la noche y que amanece a las 5 de la mañana. Esto, para un turista puede significar tener más tiempo para explorar el lugar en el que se encuentre. En verano suele haber festivales al aire libre y los alemanes se reúnen en los parques públicos para tomar el sol.

En esta época que no te sorprenda ver a los alemanes en bikini, en traje de baño o incluso desnudos en los parques públicos porque para ellos es muy común esta práctica cuando se trata de relajarse bajo el sol en verano. Aprovechan los rayos solares porque la mitad del año suele ser frío.

El único inconveniente de viajar en esta temporada es que los precios pueden ser un poco más elevados y los lugares serán más concurridos.

¿Por qué en otoño?

A mí me encantó ver el cambio de color en las hojas de los árboles en otoño y, por lo que pude observar, es la estación favorita de la mayoría de los alemanes precisamente por los hermosos colores que se observan en la naturaleza.

Además, no es tan caluroso como en verano y tampoco tan frío como en invierno, lo que te permitirá caminar largas distancias sin sufrir los estragos del clima tan drástico que existe algunos meses en Alemania.

Por otro lado, los precios suelen ser más accesibles porque es temporada baja, lo que significa poder viajar con un presupuesto más ajustado que en temporada alta.

Recomendación turística

No olvides revisar el clima todos los días durante tu estancia en Alemania, sobre todo si no viajas en verano. Aunque las estaciones son muy marcadas, en mi experiencia, un día puede hacer mucho calor y el siguiente mucho frío. Una página muy exacta y útil es **www.wetter.de.**

El clima es un tema recurrente en las conversaciones diarias, ya que una gran parte del año es frío por lo que deben estar siempre vestidos de forma adecuada para poder realizar sus actividades sin padecer a causa del clima. Incluso tienen un dicho popular que dice: "No hay mal clima, hay ropa inadecuada."

Hafen | **Hamburg**

Transporte

¿Cómo moverse en Alemania?

El transporte en Alemania es de los más eficientes de Europa, no sólo por su **puntualidad**, sino también por la cantidad de conexiones dentro de una ciudad e incluso entre los países vecinos.

El transporte es tan **exacto** que, incluso en las pantallas o tableros donde se indican las rutas y horarios, puedes saber el tiempo exacto que te tomará cada recorrido, ya sea de un trayecto largo o corto.

Sin embargo, para alguien que no está acostumbrado a los sistemas de transporte europeos, puede resultar un poco inquietante y tal vez, al principio complicado, pero una vez que entiendes y conoces las diferentes posibilidades que existen, encontrarás muy agradable la experiencia de usar cualquier transporte.

DB (*Deutsche Bahn*) es la principal empresa ferroviaria de Alemania, la cual cuenta con su aplicación donde podrás consultar todas las rutas que existen para llegar a tu destino. ¡Te recomiendo que la descargues!

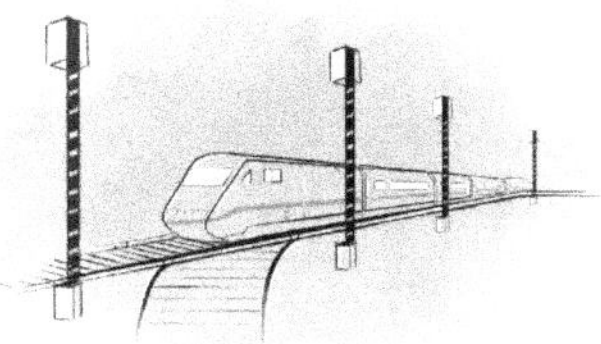

Tren (*Zug*)

En las estaciones centrales de las ciudades de Alemania (*Hauptbahnhof*) existen las oficinas llamadas *Reisezentrum*, donde podrás preguntar cuál es la mejor opción para tu viaje en tren. Ellos te ofrecerán las diferentes alternativas que existen para llegar al destino que tienes pensado y también podrás ahorrar algunos euros al elegir el boleto más conveniente para tu caso. ¡No te preocupes! Aquí puedes hablar en inglés o alemán.

Tomar en cuenta: Viajar en tren en Alemania no es barato, pero es una experiencia que recomiendo: **es puntual, rápido y agradable**.
Te ahorras bastante tiempo en la espera en comparación con un aeropuerto y el recorrido es muy tranquilo, con paisajes espectaculares.
Si compras tu boleto en las máquinas asignadas (para esto revisa bien las opciones) considera que hay trenes que van directo al destino y otros que realizan paradas y por lo tanto hacen más tiempo. Además existe una sección de primera clase, por lo que debes asegurarte que tu boleto corresponda a la sección donde te sientes.

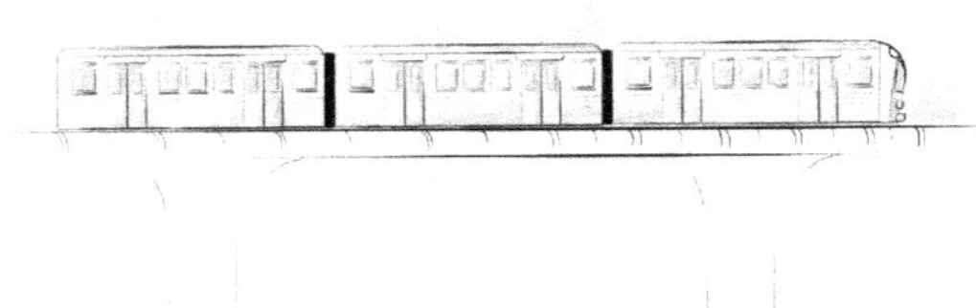

Metro (*U-Bahn*) y tranvía (*S- Bahn*)

La única diferencia entre metro y tranvía en Alemania, es que el metro (*U-Bahn*) es subterráneo U= *Unter* (abajo) y el tranvía (*S-Bahn*) viaja en su mayoría sobre la calle S= *Strasse* (calle).

Para ambos tienes que comprar tu boleto (*Fahrkarte*) en las máquinas habilitadas para este servicio, pero también existen ventanillas en las grandes ciudades para los turistas que desconocen su sistema en donde puedes adquirir diferentes tipos de boletos de viaje, ya que hay varias opciones dependiendo la ciudad en donde te encuentres.
Si eliges bien podrás ahorrarte algunos euros.
Las máquinas de boletos cuentan con varios idiomas, sin embargo, para alguien que nunca las ha usado puede resultar complicado.
En el caso de no encontrar alguna de las ventanillas, no dudes en pedir ayuda a otro pasajero, ya sea extranjero como tú o alemán, la mayoría suelen ser muy amables para explicar.

Para elegir el boleto, y el costo del mismo, se toma en cuenta la distancia que vas a recorrer, generalmente, las ciudades se dividen en zonas y así se determina en dónde está tu destino y cuál boleto es la mejor opción. Incluso puede ser que para llegar a tu destino debas tomar un bus, el cual ya estará incluido en el mismo pase.

Algunos ejemplos de boletos que encontrarás son los siguientes:

Boleto de sólo ida. Puede estar limitado a usarse en un tiempo en específico, sobre todo si se trata de una distancia corta.

Boleto de ida y vuelta (de 24 horas). Podrás usar todo el transporte público de la ciudad durante ese periodo de tiempo las veces que lo necesites. Muy útil si vas a visitar todo el día la misma ciudad.

Boletos semanales (que pueden incluir a toda una familia). Para periodos más extensos existen también boletos mensuales y anuales con diferentes precios y restricciones. Los más baratos son los que restringen el uso del transporte en las horas donde suele haber más personas.

Autobuses

Este medio de transporte es muy económico. Ciudades pequeñas o pueblos siempre tendrán sistemas de autobuses. Al igual que los demás sistemas de transporte funciona con **horarios establecidos**.

Los autobuses no sólo conectan las ciudades y pueblos alemanes, sino también con otros países, por ejemplo, todos los que colindan con Alemania: Suiza, Austria, Holanda, República Checa, Bélgica, Francia y Polonia.

La red que más recomiendo es **Flixbus**. Esta empresa ofrece una gran variedad de rutas y horarios para diferentes destinos.
Suele ser puntual aunque sí puede haber retrasos no muy largos; las unidades son limpias y cómodas; los precios son muy accesibles y entre más lejana esté la fecha de tu viaje, el boleto será más económico.

No olvides descargar su aplicación. ¡Te será muy útil para adquirir tus boletos fácilmente!

Recomendación turística

En Alemania, no existen máquinas en donde ingreses tu boleto de viaje para poder tener acceso, se confía en que todos los pasajeros serán honestos y lo comprarán; por esta razón es muy importante que lo tengas contigo siempre y que compres el correcto, ya que nunca sabrás cuándo subirá el inspector a revisar el *ticket* de todos los pasajeros. Viajar sin pasaje pagado (*Schwarzfahren*- viajar de negro) te puede traer inconvenientes en tu viaje como una multa de al menos 30 euros.

En algunas ciudades como Berlín se debe validar el boleto en las máquinas correspondientes que se encuentran en las estaciones y paradas del metro y tranvía. A partir de ese momento correrá el tiempo de su vigencia. Esto servirá para cuando el inspector te lo pida y todo esté en orden.

El transporte en Alemania resulta costoso para quienes viajan de Latinoamérica, sin embargo, es excelente en su **eficacia y comodidad**.

No olvides buscar las aplicaciones del sistema de transporte que existen en las ciudades alemanas, te serán de gran ayuda. En Berlín está **Berlin Subway- Metro** y en Hamburgo la aplicación **HVV,** por ejemplo.

Obtener la licencia de conducir en Alemania puede resultar todo un reto para los alemanes, ya que deben hacer un examen de manejo y además es muy costoso (entre 1000-2000 euros). Uno de los beneficios de la cultura respecto a las reglas es que la mayoría de alemanes suelen ser buenos conductores. No te extrañe que los autos se detengan para dar el paso a los peatones que atraviesan las calles por las zonas señaladas (*Zebrastreifen*).

Avión

Debido a la ubicación tan céntrica de Alemania en
Europa, viajar a otros países del mismo continente
en avión, puede resultar económico y además podrás
ahorrarte mucho tiempo. Por ejemplo, si tu destino
es de Berlín a Londres no te harás más de dos horas
de vuelo.

Considera lo que es más conveniente de acuerdo a
tu itinerario y a tu presupuesto de viaje. Sin duda es
un transporte que debes considerar si quieres ir a
países cercanos.

Aeropuertos internacionales en Alemania

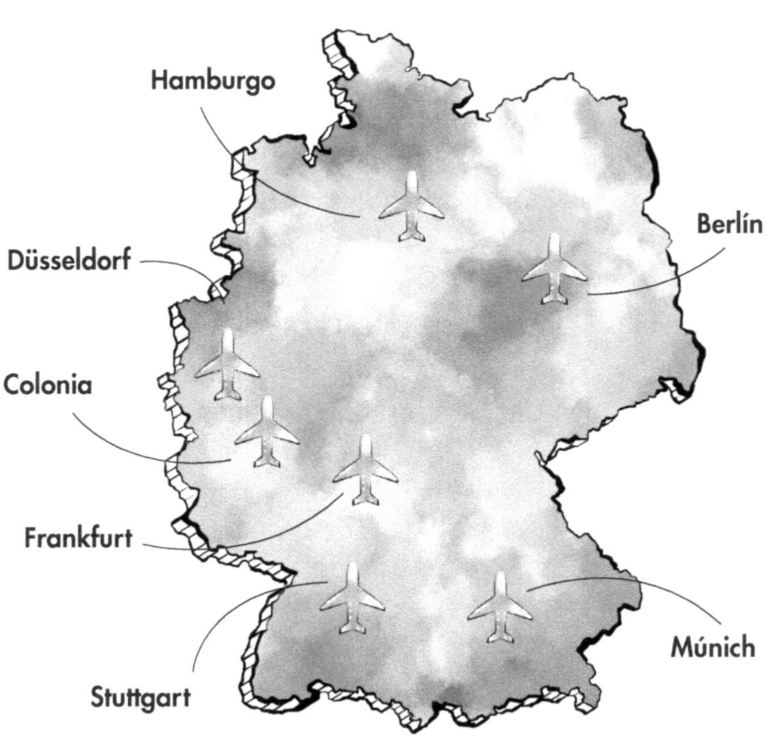

Bicicleta

Alemania es por excelencia un país que usa la bicicleta como medio de transporte para distancias cortas, pues no sólo es una manera de mantenerse en forma sino que es amigable con el ambiente.

En las calles existe una **ciclovía** a un lado de las banquetas marcada de **otro color**, para que sepas por dónde caminar y no obstruyas el x camino exclusivo de las bicicletas.

Como turista también es posible usar la bicicleta: debes dirigirte a las oficinas de **DB** (*Deutsche Bahn*) para rentarlas o preguntar en las oficinas *Reisezentrum* directamente, pues este servicio depende de la ciudad que visites.

Oberammergau | Bayern

Lugares para visitar

Principales atracciones

Puerto de Hamburgo

El segundo puerto más grande de Europa en el que puedes embarcarte por los canales que existen en la ciudad y el río Elba. Aquí encuentras la más reciente atracción: la Filarmónica del Elba *Elbphilharmonie*, una sala de conciertos con arquitectura que asemeja a una ola de mar.

Además, no puedes dejar de cruzar el túnel por debajo del río Elba.

Estación de metro más cercana: *Landungsbrücken*.

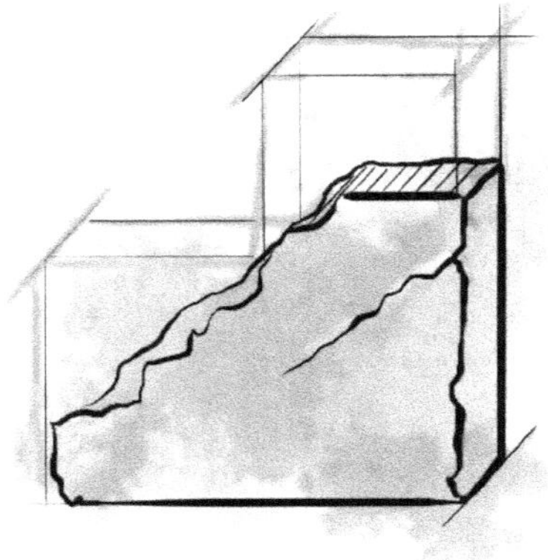

Muro de Berlín

Se encuentra en la zona conocida como *East Side Gallery*. Este muro llegó a cubrir cientos de kilómetros. En la actualidad sólo quedan algunas partes en donde artistas de diferentes países exponen sus murales y pinturas relacionadas con la historia del muro y su caída.
Esta construcción forma parte del patrimonio de la humanidad en Alemania y es imprescindible si visitas Berlín.
Estación de metro más cercana: *Warschauer Straße*.

Puerta de Brandemburgo

Antiguamente era la entrada principal a la ciudad y es el símbolo de Berlín. Se asemeja a un arco del triunfo basado en los portales de la Acrópolis de Atenas de Grecia. Actualmente, es el sitio elegido para realizar manifestaciones, fiestas y eventos especiales.
Estación de metro más cercana: *Brandenburger Tor*.

Isla de los Museos

Alberga el Museo de Pérgamo, el Museo Antiguo,
el Museo Nuevo, la Antigua Galería Nacional
y el Museo Bode. El Museo de Pérgamo es el más
visitado e imponente por su arquitectura y por todas
las piezas que encuentras ahí. Cada museo tiene
un precio diferente, si quieres visitar varios, la mejor
opción es comprar un *Museumpass* o también si eres
estudiante las entradas te cuestan la mitad de precio.
Estación de metro más cercana: *Friedrichstraße*.

Catedral de Colonia

Es una catedral gótica a orillas del río Rin, la más grande de este estilo en el norte de Europa con 157,038 metros de altura. Esta catedral sobrevivió a los bombardeos durante la Segunda Guerra Mundial.
Puedes subir al campanario a través de sus 509 escalones y admirar una hermosa vista de Colonia.
Estación de metro más cercana: *Hauptbahnhof.*

Selva Negra

No es realmente una selva, sino un bosque
denso, ubicado al suroeste de Alemania en
Baden-Wurtemberg, donde a lo largo de su extensión
podrás encontrar viñedos y balnearios o puedes
hacer senderismo, rutas en bicicleta y deportes
de montaña.
Lo más atractivo son los paisajes fantásticos del
bosque espeso con caminos oscuros y los riachuelos
de aguas termales.
Te recomiendo contratar alguno de los tours que
ofrecen diversas actividades.

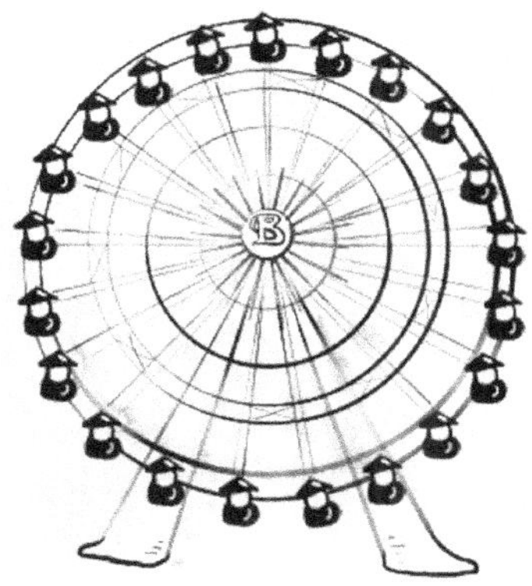

Europa-Park

Es el parque de atracciones más grande
de Alemania que está situado en la ciudad de Rust
en *Baden-Wurtemberg*, muy cerca de la frontera con
Francia. Está dividido en 18 distintas áreas temáticas
representando a diferentes países europeos con
arquitectura típica de cada uno. Entre las atracciones
que destacan son sus extremas montañas rusas
y espectáculos.
La página oficial del parque es:
www.europapark.de.

El Castillo de Heidelberg

Esta construcción es de estilo renacentista de la época medieval se eleva entre las montañas de Heidelberg. Para acceder a él tienes que cruzar el río *Neckar*, por el puente *Ernst-Walz-Brücke* y para ascender al castillo lo haces por medio de un funicular. Aquí también encontrarás el Museo de la Farmacia.

Castillo de Neuschwanstein

También conocido como el "Castillo del Rey Loco" o el castillo que tomó como inspiración Disney para el suyo y para el de la película de la Bella durmiente. Es el castillo más visitado de Alemania.

Esta construcción impresiona a todos los visitantes por su arquitectura de estilo romántico y el increíble paisaje que lo rodea de montañas y lagos. Pensarás que estás en un cuento de hadas. Se encuentra en el Estado de Baviera, en la ciudad de Füssen. Lo mejor es contratar un tour desde Múnich que incluya la visita a este castillo. Recomiendo el tour que tomé con la agencia *Civitatis*, por ser en español, el proceso es muy sencillo y con el punto de encuentro en el centro de Múnich.
Generalmente los tours no incluyen los boletos para entrar al castillo. Estos podrás comprarlos en la página oficial:
shop.ticket-center-hohenschwangau.de.

La Hofbräuhaus

Es una cervecería pública muy famosa por su historia y tradición que visitan personas de todo el mundo debido a su atmósfera tradicional bávara alemana. Además de tomar cerveza también encuentras el platillo típico de la región *Weißwurst* (salchicha blanca) y puedes escuchar música bavaresa.

Yo viví en la ciudad de Hamburgo, donde me encontré con dos de los museos más originales que he podido visitar:

Miniatur Wunderland Museum (País de las Maravillas en Miniatura)

Aquí encontrarás réplicas en miniatura de distintas ciudades, no sólo de Alemania sino que también de otros sitios del mundo como Las Vegas.

Lo más impresionante de este lugar es el detalle que existe en las maquetas y la tecnología que se utiliza para lograr que sean lo más apegadas a la realidad, por ejemplo, el aeropuerto de Hamburgo en donde los aviones en verdad despegan y vuelan.

Dialog im Dunkeln (Diálogo en la oscuridad)

Esta es una exposición que tiene como objetivo hacer conciencia con respecto a la manera en que ven el mundo las personas con discapacidad visual. El recorrido consta de caminar por diferentes habitaciones y escenarios en total oscuridad, donde lo único que percibes son sonidos y texturas. Afortunadamente tienes un guía experto, una persona con discapacidad visual que te enseña un poco de lo que ellos viven día a día.

Lübeck

En las cercanías de Hamburgo se encuentra la ciudad de Lübeck una de las ciudades más antiguas y pintorescas de Alemania, reconocida por su gran belleza y su arquitectura de ladrillo rojo estilo gótico, en donde podrás caminar por sus callejones de cuento y visitar el Museo de Marionetas. El cual no te puedes perder, es muy interesante y un tanto tétrico.

Si te gusta el mazapán, Lübeck es el gran fabricante de este alimento por lo que podrás encontrar lo que se te ocurra con sabor a mazapán. Para llegar a esta ciudad desde Hamburgo sólo tienes que tomar un tren desde la estación central *Hauptbahnhof* con dirección a Lübeck, que se encuentra a 30 minutos aproximadamente.

Recomendación turística

Este país es hermoso, donde además de los lugares populares tiene rincones no muy conocidos pero que valen mucho la pena, ya que puedes conocer el otro lado de Alemania como los pueblos pintorescos y antiguos. El que yo recomiendo se llama *Oberammergau*, un pueblo como de cuento localizado en Baviera y que se encuentra rodeado de montañas. Sus casas tienen murales con representaciones de algunos cuentos infantiles como Caperucita roja y es famoso por sus artesanías hechas de madera, por ejemplo, los famosos relojes *cucu*.

Otro sitio conocido es *Rothenburg Ob der Tauber*, también en Baviera. Se trata de un pequeño pueblo medieval que inspiró a los hermanos Grimm para el cuento de Pinocho.

Es común que en cada pueblo existan historias y leyendas que se han contado de generación trás generación, que en mi experiencia siempre tienen un final trágico. ¡Los hermanos Grimm escuchaban estas historias y así las usaban para sus cuentos! Si visitas algún pueblo medieval de este país pregunta por su historia o leyenda más popular es muy interesante y entenderás por qué estos hermanos encontraron gran inspiración en esos lugares.

En las grandes ciudades alemanas, como en otros países europeos, existen los famosos barrios rojos, en donde podrás encontrar los sitios más populares para bailar, pero toma tus precauciones sobre todo de noche y ve siempre acompañado porque suelen ser lugares de "mala muerte" (un poco peligrosos).

En Alemania existen varios monumentos para recordar las muertes del Holocausto y campos de concentración que se pueden visitar. Yo visité el que se encuentra en la ciudad de Berlín: *Sachsenhausen.* Otro muy conocido es *Dachau* en el norte de Múnich. Lo recomiendo si quieres ampliar tu panorama respecto a este tema, aunque fue algo escalofriante.

En lo personal, considero que es muy importante tener respeto por estos lugares y estar consciente de lo acontecido en ellos. Por eso, cuando tomes fotografías, intenta que muestren respeto: hay muchos turistas que suelen tomarse *la selfie* y mostrar en sus redes sociales que estuvieron en cierto lugar, sin embargo, la intención de visitar estos lugares es para hacer conciencia y que esos hechos no vuelvan a suceder.

Comida tradicional

Holstentor | **Lübeck**

Los sabores de Alemania y sus platillos típicos

La comida (*Essen*) alemana tiene sabores interesantes: **el pan (de todas formas y colores) salchichas, papas y cerveza** son lo más característico. Sin embargo, la gastronomía alemana es también internacional, ya que integra a su cocina la italiana, turca, austriaca y húngara, por decir algunos ejemplos. Esto es gracias a que en los supermercados puedes encontrar productos de muchas partes del mundo que permiten realizar platillos internacionales y que los alemanes disfrutan.

Probar la gastronomía es también una manera de conocer este país.
Aquí te recomiendo algunos de los platillos tradicionales que tienes que probar.

Bretzel (pan salado)

Pan horneado con forma circular, entrelazada y con sal. Puede acompañarse con algún platillo o comerse solo. Existen otras variantes rellenas de mantequilla. La que más recomiendo es el relleno de

mantequilla con cebollín porque es una mezcla
interesante que sabe muy bien. No olvides probarlo
caliente. Puedes encontrarlo en cualquier panadería
e incluso en los supermercados.

Currywurst mit Pommes (salchicha al curry con papas fritas)

Es la típica salchicha alemana cocida o asada a la
parrilla. Se prepara con salsa kétchup, curry en
polvo y se corta en rebanadas.
Se puede acompañar con las famosas *Pommes*
o papas fritas o un panecillo típico alemán
(*Brötchen*). Este platillo lo encuentras en cualquier
parte de Alemania.

Kartoffelsalat (ensalada de papa)

Ensalada de papas cocidas acompañadas de
distintos ingredientes.
Honestamente no importa con cuáles ingredientes
se acompañe esta ensalada, cualquier variante
es deliciosa.

Schnitzel (milanesa)

Es un filete empanizado de carne de ternera
o de cerdo. Este platillo tiene origen austriaco
pero también es típico en Alemania. En
Latinoamérica conocemos este platillo como
milanesa empanizada, siendo la versión alemana

más gruesa y acompañada de puré de
papas o *Pommes* (papas fritas) o alguna
otra guarnición.

Weißwurst (salchicha blanca)

Salchicha blanca elaborada con carne de cerdo o
ternera, típica de la parte sur de Alemania, que
suele acompañarse de otro platillo típico llamado
Sauerkraut o col agria, la cual tiene un sabor muy
particular que no a todos los turistas les encanta,
pero vale la pena probarlo.

POSTRES

Apfelstrudel (strudel de manzana)

Es algo parecido a una empanada en Latinoamérica.
Es un postre hecho de hojaldre con un relleno que
suele ser de manzana y espolvoreado con azúcar
glass. Se recomienda comerlo caliente y, por lo
regular, lo venden en cafeterías y restaurantes.

Berliner (berlina)

Es una bola de masa dulce, frita y rellena de
mermelada generalmente de ciruela y espolvoreada
de azúcar glass. La puedes encontrar en panaderías,
cafeterías y supermercados.

Marzipan Kuchen (pastel de mazapán)

Puedo asegurarte que no importa cuál pastel pruebes en Alemania, todos son deliciosos. Las recetas alemanas de pasteles tienen los mejores ingredientes y existe una gran variedad, pero si encuentras el pastel de mazapán, hecho a base de almendra, ¡no dudes en probarlo!

CERVEZA

Alemania se caracteriza por ser un país cervecero, que no sólo produce, sino que consume en grandes cantidades este producto, se piensa que existen cerca de 5000 tipos de cerveza en este país.

Las marcas más populares son las siguientes:

König Pilsener
Erdinger Weissbier
Radeberger Pilsner
Hofbräu München
Paulaner
Hasseröder
Veltins
Beck's
Warsteiner
Bitburger
Krombacher

Recomendación: *Warsteiner* de limón o de toronja fue sin duda mi cerveza favorita.

DULCES

Gomitas

Los más populares son las gomitas que tienen forma de ositos *Haribo*, una marca alemana conocida en todo el mundo con gran variedad de sabores y formas. Al darte una vuelta por el supermercado considera probar cualquier variante que te parezca más interesante.

Marzipan (mazapán)

Es otra golosina preferida de los alemanes. Los más populares vienen de la ciudad de Lübeck que están hechos de almendras, puedes encontrarlos naturales o cubiertos de chocolate.

Lakritz (caramelo de regaliz)

Estos dulces son sumamente populares en Alemania y países vecinos.
En su mayoría son de color negro, el cual es un sabor muy fuerte que no a todos los turistas encanta.
En lo personal es el peor sabor que he experimentado en un dulce, pero recomiendo que lo pruebes por ser algo diferente y que nunca pensé que podría gustarle tanto a una cultura.

COMIDA RÁPIDA EN ALEMANIA

Döner

Es la comida *fastfood* más popular, incluso más popular que las hamburguesas. Este es un platillo turco que consiste en un pan blanco y plano, relleno de carne asada de cordero, pollo o ternera con diferentes verduras y aderezos. La carne se coloca y se asa de manera vertical como si fuera un trompo, un método inventado en Turquía.

Dürüm

Este platillo es sólo una variación del *Döner*, que en lugar de comerse como un sandwich, su presentación es en rollo y en vez del pan plano se utiliza algo parecido a una tortilla gruesa.

Recomendación turística

La propina suele ser el 10% como en otros países y también es opcional.
Te recomiendo visitar los típicos *Biergarten* (jardín de la cerveza), originarios del sur de Baviera. Son lugares al aire libre, donde se sirve principalmente cerveza y comida tradicional en mesas de madera compartidas y se disfruta de un ambiente agradable sobre todo, si es un día soleado.

En Alemania existe una ciudad llamada Essen, que significa **comida** en español. Las hamburguesas tienen su nombre porque se originaron en la ciudad de Hamburgo, por lo que el gentilicio de los habitantes es **hamburgués**.

Hemos finalizado el viaje, a través de mis experiencias relatadas en estas páginas. Ya que tienes un panorama de lo que podrás encontrar, sentirás más seguridad y confianza; ahora te toca experimentar Alemania con tus propios sentidos. Seguramente estás muy emocionado por tu próxima visita a este hermoso país y sólo me queda desearte **¡mucha suerte!**

Disfruta, aprende y vive la cultura germánica al máximo

Gramática alemana

Mi propósito con este apartado es que puedas comprender las bases del idioma y tengas un panorama de cómo funciona.

Si nunca has tenido acercamiento con el alemán, es posible que te parezca complicado y difícil de aprender, sin embargo, es una lengua muy interesante y que si te lo propones, puedes llegar a comprender más con la práctica.

Caracteríticas propias de alemán

• Las declinaciones
• Tres géneros: masculino, femenino y neutro
• El verbo suele ir al final de muchas oraciones
• En alemán existen cientos de palabras compuestas por dos o más palabras
• Existe una palabra para todo. Muchas de ellas no tienen equivalencia en otros idiomas, y por lo tanto se pueden explicar pero no traducir, por ejemplo, la palabra *Wanderlust* que se refiere al deseo que tienes de viajar

Ahora sí, busca un lugar tranquilo para concentrarte y comencemos a conocer el idioma alemán.

PRONUNCIACIÓN

Para los que hablamos español, la pronunciación alemana no es tan complicada, pues suele leerse como está escrito así como el español, sin embargo, en el alemán algunas letras y la unión de ellas se pronuncian diferente.

Conozcamos primero las letras que forman parte del idioma alemán:

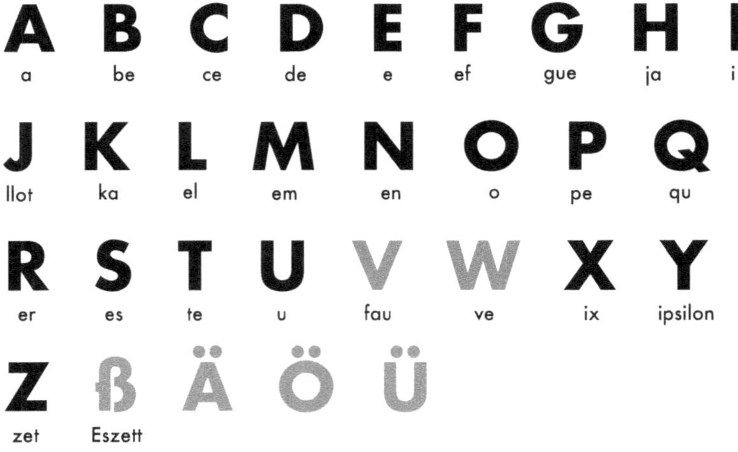

Las **diéresis** que llevan las letras **a, o** y **u** se les denomina *Umlaut* en alemán.

Puedes observar que en el alemán no existe la letra **Ñ**, la **CH** ni la **LL**, la **J** tiene el sonido de la **LL** y la **H** se pronuncia como **J**. Veamos las grandes diferencias en pronunciación que tiene el alemán respecto al español:

ß o **SS** (eszett) El sonido de una **S** larga
Ej. Stra**ß**e (estrasse) Calle
V (fau) Tiene el sonido de una **F** en español
(conserva el sonido de **ve** en palabras de origen no germánico)
Ej. **V**ater (fata) Papá
W (ve) Tiene el sonido de una **V** en español
Ej. **W**eg (veg) Camino

Vocales con diéresis:

Ä

(abrir la boca para decir a pero el sonido debe ser de una e)
ächten (äjten) Atención

Ö

(abrir la boca para decir o pero el sonido debe ser de una e)
Österreich (österaij) Austria

Ü

(abrir la boca para decir u pero el sonido debe ser como i)
Übung (übung) Práctica

Unión de vocales más comunes:

ei se pronuncia ai
schreiben (shraiben) Escribir
äu se pronuncia oi
Häuser (joisa) Casas

Una peculiaridad del alemán es que se pueden formar **palabras compuestas**, por lo que no te sorprenda encontrar palabras muy largas. La manera de pronunciarlas, es decir **palabra por palabra**.

Ej.
Hauptbahnhof (jaupt-banjof) Estación central
Hauptbahnhof

Haupt: Central o principal
Bahnhof: Estación

O palabras más largas como:

Telekommunikationsüberwachungsverordnung
(telecomunications - üba - vajungs - fer - ordnung)
Ley para la supervisión de las telecomunicaciones
Telekommunikationsüberwachungsverordnung

EL SUSTANTIVO EN ALEMÁN

En alemán hay sustantivos con **tres géneros**:

Der (dea) **masculino**

Ej.
Der Mann (dea man) El hombre

Die (di) **femenino**

Ej.
Die Frau (di frau) La mujer

Das (das) **neutro**

Ej.
Das Kind (das kind) El niño

Hay que aprenderse siempre los sustantivos con su género
porque es muy común que no coincidan con el género en español.

Ej.
der Mond (dea mond) **Masculino**: La luna
die Sonne (di sone) **Femenino**: El sol

Y muy importante: La primera letra del sustantivo se escribe
siempre con mayúscula.

Todos los sustantivos en **plural** usan el artículo **DIE**

Ej.
Die Fotos (di fotos) Las fotos
Die Hotels (di jotels) Los hoteles

Los sustantivos que suelen usarse en otros idiomas
(anglicismos) utilizan **DAS** que es el género neutro

Ej.
Das Auto (das auto) El auto
Das Foto (das foto) La foto
Das Taxi (das taxi) El taxi
Das Kino (das kino) El cine

DECLINACIONES EN ALEMÁN

Tal vez, te preguntes qué son las declinaciones, ya que el español y el inglés no las tienen. Este es un tema que puede resultar complejo para quienes se propongan aprender alemán, pero es la base para entender este idioma. Recuerda que queremos conocer un panorama general de este idioma y entender las bases, pero no nos volveremos bilingües con este apartado.

Las **declinaciones** son los sufijos o distintas formas que adoptan las palabras de acuerdo a la función que desempeñan en una oración. Esa función se va a denominar **caso gramatical**. Por medio de estos sufijos en las palabras podemos saber la función que tienen en la frase y así darles sentido. **Las palabras que se declinan y por lo tanto, cambiarán dependiendo del caso gramatical, son los artículos, determinado e indeterminados, pronombres personales y posesivos, así como los adjetivos.**

En alemán existen **4 casos gramaticales** que establecen la declinación de esas palabras en las oraciones:

Nominativo
Acusativo
Dativo
Genitivo

La comparación más cercana con el español para cada caso gramatical en alemán son los que muestro a continuación (existen excepciones):

Nominativo: forma básica de los artículos, nombres, adjetivos y pronombres. Responde a la pregunta **¿Quién o qué realiza la acción?** En alemán ***Wer?, Was?***

Acusativo: objeto directo. Se usa como complemento para indicar sobre qué se hace la acción. Responde a las preguntas: **¿A qué persona? ¿Qué cosa?** En alemán: ***Wen?, Was?***

Dativo: objeto indirecto. Responde a las preguntas: **¿A quién? ¿Para quién? ¿A qué? ¿Para qué?** En alemán ***Wem? y Was?***

Genitivo: Es el caso que indica propiedad o pertenencia. Responde a la pregunta **¿De quién? ¿De qué?** En alemán ***Wessen?***

Los casos son muy importantes en las oraciones ya que pueden afectar a toda la frase cuando tenemos en ella artículos, determinados e indeterminados, pronombres personales, posesivos y adjetivos.

En las siguientes tablas te muestro las declinaciones que existen para los artículos, tanto determinados e indeterminados, los pronombres personales, posesivos y los adjetivos.

ARTÍCULO DETERMINADO

Son los que sirven para referirse a algo ya conocido y específico

Caso	Nominativo	Acusativo	Dativo	Genitivo
masculino	der Mann	den Mann	dem Mann	des Mannes
femenino	die Frau	die Frau	der Frau	der Frau
neutro	das Kind	das Kind	dem Kind	des Kindes
plural	die Kinder	die Kinder	den Kindern	der Kinder

Nota: Como puedes darte cuenta, **aprender los artículos** de los sustantivos en alemán es **esencial** para estructurar correctamente las frases en este idioma y declinar correctamente.

ARTÍCULO INDETERMINADO

Son los que se usan para referirse a algo no conocido y no específico

Caso	Nominativo	Acusativo	Dativo	Genitivo
masculino	ein Mann	einen Mann	einem Mann	eines Mannes
femenino	eine Frau	eine Frau	einer Frau	einer Frau
neutro	ein Kind	ein Kind	einem Kind	eines Kindes

no existe plural

Ej.

Ich habe **einen** Hund (ij jabe ainen jund)

Yo tengo un perro.

Declinación en **acusativo masculino**

Der Hund (dea jund) El perro

Responde a la pregunta: **¿Qué tengo?**

PRONOMBRES PERSONALES

Pronombre	Español	Nominativo	Acusativo	Dativo
ich	yo	ich	mich	mir
du	tú	du	dich	dir
er	él	er	ihn	ihm
sie	ella	sie	sie	ihr
es	ello	es	es	ihm
wir	nosotros	wir	uns	uns
ihr	vosotros	ihr	euch	euch
sie	ellos	sie	sie	ihnen
Sie	usted			
		Sie	Sie	Ihnen

Ej.

Ich kaufe **dir** ein Eis. (ij kaufe dia ain ais)

Yo te compro **(a ti)** un helado. Declinación en **dativo** de **du**.

¿A quién le compro el helado? A ti: DIR

Sie es un pronombre que se utiliza para hablar **formal** a las personas que no conoces como muestra de respeto y se escribe **siempre con S mayúscula.**

Ej.

Sprechen **Sie** Deutsch? (shprejen si doitch) ¿Habla usted alemán?

Wie geht's **Ihnen**? (dativo) (vi guets inen) ¿Cómo está usted?

ADJETIVOS CON PRONOMBRE DETERMINADO

Caso	Nominativo	Acusativo	Dativo	Genitivo
masculino	der **alt**e Mann	den **alt**en Mann	dem **alt**en Mann	des **alt**en Mannes
femenino	die **jung**e Frau	die **jung**e Frau	der **jung**en Frau	der **jung**en Frau
neutro	das **klein**e Kind	das **klein**e Kind	dem **klein**en Kind	des **klein**en Kindes
plural	die **klein**en Kinder	die **klein**en Kinder	den **klein**en Kindern	der **klein**en Kinder

Las terminaciones en rojo son las que se ocupan para declinar todos los adjetivos de acuerdo al caso correspondiente.

Puedes comparar la forma básica de los adjetivos declinados:

alt (alt) Viejo

jung (yung) Joven

klein (klain) Pequeño

Ej.

Ich helfe **dem klein**en Kind (Ij jelfe dem klainen kind) Ayudo al niño pequeño. Declinación **dativo neutro**.

ADJETIVOS CON PRONOMBRE INDETERMINADO

Caso	Nominativo	Acusativo	Dativo	Genitivo
masculino	ein **alt**er Mann	einen **alt**en Mann	einem **alt**en Mann	eines **alt**en Mannes
femenino	eine **jung**e Frau	eine **jung**e Frau	einer **jung**en Frau	einer **jung**en Frau
neutro	ein **klein**es Kind	ein **klein**es Kind	einem **klein**en Kind	eines **klein**en Kindes

Las terminaciones en rojo **son las que se ocupan para declinar todos los adjetivos de acuerdo al caso correspondiente.**

Ej.
Sie ist **eine jung**e Frau. (si ist eine yungue frau)
Ella es una mujer joven. Declinación **nominativo femenino**.

PRONOMBRES POSESIVOS
NOMINATIVO

Pronombre personal	Masculino	Femenino	Neutro	Plural
ich	mein	meine	mein	meine
du	dein	deine	dein	deine
er	sein	seine	sein	seine
sie	ihr	ihre	ihr	ihre
es	sein	seine	sein	seine
wir	unser	unsere	unser	unsere
ihr	euer	eure	euer	eure
sie	ihr	ihre	ihr	ihre
Sie	Ihr	Ihre	Ihr	Ihre

Pronombres	Español
mein	mío
dein	tuyo
sein	de él
ihr	de ella
sein	de ello
unser	nuestro
euer	suyo o vuestro
ihr	suyo
Ihr	de usted

Ej.

Meine Mutter kommt aus USA.

(maine muta komt aus u es a)

Mi mamá es de Estados Unidos.

Declinación **Die Mutter** en **nominativo femenino**.

ACUSATIVO

Pronombre personal	Masculino	Femenino	Neutro	Plural
ich	meinen	meine	mein	meine
du	deinen	deine	dein	deine
er	seinen	seine	sein	seine
sie	ihren	ihre	ihr	ihre
es	seinen	seine	sein	seine
wir	unseren	unsere	unser	unsere
ihr	euren	eure	euer	eure
sie	ihren	ihre	ihr	ihre
Sie	Ihren	Ihre	Ihr	Ihre

Ej.
Ich bezahle für **deinen** Hamburger.
(ij betsale füa dainen jamburga)
Yo pago tu hamburguesa.
Declinación **Der** **Hamburger** en **acusativo masculino**.

DATIVO

Pronombre personal	Masculino	Femenino	Neutro	Plural
ich	meinem	meiner	meinem	meinen
du	deinem	deiner	deinem	deinen
er	seinem	seiner	seinem	seinen
sie	ihrem	ihrer	ihrem	ihren
es	seinem	seiner	seinem	seinen
wir	unserem	unserer	unserem	unseren
ihr	eurem	eurer	eurem	euren
sie	ihrem	ihrer	ihrem	ihren
Sie	Ihrem	Ihrer	Ihrem	Ihren

Ej.
Ich schenke **meiner** Mutter eine Postkarte.
(ij shenque maina muta aine postcarte)
Le regalo a mi mamá una postal.
Declinación **Die** **Mutter** en **dativo femenino.**

GENITIVO

Pronombre personal	Masculino	Femenino	Neutro	Plural
ich	meines	meiner	meines	meiner
du	deines	deiner	deines	deiner
er	seines	seiner	seines	seiner
sie	ihres	ihrer	ihres	ihrer
es	seines	seiner	seines	seiner
wir	unseres	unserer	unseres	unserer
ihr	eures	eurer	eures	eurer
sie	ihres	ihrer	ihres	ihrer
Sie	Ihres	Ihrer	Ihres	Ihrer

Es el caso menos usado ya que se utiliza para indicar pertenencia, pero existen otras maneras más comunes de indicarlo. Por ejemplo, con la preposición: **von** que significa **de**.

Ej.
Wo ist die Jacke **meines** Lehrer**s**?
(vo ist di yake maines lerars)
¿Dónde está la chaqueta de mi profesor?
Wo ist die Jacke **von meinem** Lehrer?
(vo ist di yaque fon meinem lera)
¿Dónde está la chaqueta de mi profesor?

Los sustantivos en genitivo masculino y neutro llevan
una **s** al final.

Ej.
Die Frau **meines** Bruder**s** heißt Emilia.
(di frau maines bruders jaist emilia)
La esposa de mi hermano se llama Emilia.
Declinación **Der** **Bruder** en **genitivo masculino.**

Una manera de determinar el **caso** al que corresponde la
oración, además de las preguntas, es a partir de **verbos**
específicos y de **preposiciones**, a continuación te muestro
ejemplos para los casos nominativo, acusativo y dativo.

Nominativo

Verbos
sein (sain) Ser o estar
werden (verden) Llegar a ser
bleiben (blaiben) Permanecer
heißen (jaisen) Nombrar

Ej:
Meine Oma **heißt** Andrea. (main oma jaist andrea)
Mi abuela se llama Andrea.

¿Quién se llama Andrea? Mi abuela.
(**Meine** se declina en nominativo porque utiliza el verbo **heißen**).

Acusativo

Verbos

essen (esen) Comer
trinken (trinquen) Beber
kochen (cojen) Cocinar
fragen (fraguen) Preguntar
kaufen (kaufen) Comprar
haben (jaben) Tener
suchen (sujen) Buscar
finden (finden) Encontrar
lesen (lesen) Leer
hören (jören) Escuchar
bezahlen (betzalen) Pagar
lernen (lernen) Aprender
singen (singuen) Cantar
spielen (shpilen) Jugar

Preposiciones

durch (durg) A través
entlang (entlang) A lo largo
für (füa) Para, por
gegen (gueguen) En contra
ohne (one) Sin
um (um) Para

Ej.
Ich **esse** einen Hamburger. (ij ese ainen jamburga)
Yo como una hamburguesa.
Wir **haben** ein Geschenk **für** dich.
(via jaben ain gueshenk füa dij) Tenemos un regalo para ti.
Ein Geschenk (neutro) está en acusativo por el verbo **haben**,
y **dich** (du) por la preposición **für**.

Dativo

Verbos

antworten (antvorten) Responder
glauben (glauben) Creer
helfen (jelfen) Ayudar
denken (denquen) Pensar
gefallen (guefalen) Gustar
gehören (guejören) Pertenecer

Ej.
Ich **helfe meinem** Freund. (ij jelfe mainem froind)
Yo ayudo a mi amigo. **Meinem** se declina en dativo
por el verbo **helfen**.

Preposiciones

aus (aus) Fuera
bei (bai) En o al lado
bis (bis) Hasta
zu (zu) A o hacia
gegenüber (gueguenüba) En frente
mit (mit) Con
nach (naj) Hacia
seit (sait) Desde
von (fon) De

Ej.
Sie arbeitet **bei einer** deutschen Firma.
(si arbaitet bai aina doitchen firma)
Ella trabaja en una empresa alemana.

Dativo

Verbos

antworten (antvorten) Responder
glauben (glauben) Creer
helfen (jelfen) Ayudar
denken (denquen) Pensar
gefallen (guefalen) Gustar
gehören (guejören) Pertenecer

Ej.
Ich **helfe** **meinem** Freund. (ij jelfe mainem froind)
Yo ayudo a mi amigo. **Meinem** se declina en dativo
por el verbo **helfen**.

Preposiciones

aus (aus) Fuera
bei (bai) En o al lado
bis (bis) Hasta
zu (zu) A o hacia
gegenüber (gueguenüba) En frente
mit (mit) Con
nach (naj) Hacia
seit (sait) Desde
von (fon) De

Ej.
Sie arbeitet **bei** **einer** deutschen Firma.
(si arbaitet bai aina doitchen firma)
Ella trabaja en una empresa alemana.

Los casos más usados siempre serán acusativo y dativo. Te explico un
último ejemplo en dónde se usan ambos.

Ej.
Ich kaufe **meiner** Mutter **ein** Geschenk.
(ij kaufe maina muta ain gueshenk)
Le compro a mi mamá un regalo.

En la oración **el regalo** es el objeto directo (**acusativo**):
¿Qué compras?. **Mi mamá** es el objeto indirecto (**dativo**):
¿A quién le compras el regalo?. Por lo que tenemos que declinar
el pronombre posesivo **Mein** en **dativo femenino**: **Meiner**
(die Mutter: la mamá, que es feminino), y el artículo
indeterminado **ein** en **acusativo neutro** (das Geschenk: el regalo,
que es neutro).

CONJUGACIÓN DE VERBOS

Existen en alemán verbos **regulares, irregulares, verbos
separables, verbos no separables, verbos modales, verbos
auxiliares y verbos reflexivos**. Veamos ejemplos de cada uno.

Verbos regulares

Para conjugar un verbo regular en alemán quitamos primero
la terminación o el radical. Por ejemplo, en el verbo **suchen**
la terminación es **-en**.
Dependiendo el sujeto le añadimos las siguientes terminaciones:

ich -e
du -st
er -t
sie -t
es -t
wir -en
ihr -t
sie -en
Sie -en

Conjugación del verbo regular **suchen** (sujen) Buscar

ich suche
du suchst
er sucht
sie sucht
es sucht
wir suchen
ihr sucht
sie suchen
Sie suchen

Verbos irregulares

Para **wir**, **sie** y **Sie** se conserva la forma normal de los verbos.
Lo que distingue los verbos irregulares de los regulares es que
se cambia la vocal en la raíz, pero sólo en **du**, **er**, **sie** y **es**.
Por ejemplo, el verbo **helfen**.

Conjugación de verbo irregular **helfen** (jelfen) Ayudar

ich helfe
du hilfst
er hilft
sie hilft
es hilft
wir helfen
ihr helft
sie helfen
Sie helfen

Verbos separables

Son aquellos en los que el prefijo se separa del resto del verbo cuando éste se conjuga. El prefijo se separa y se coloca al final de la frase:

Conjugación del verbo separable **einkaufen** (ain-kaufen)
Ir de compras

ich kaufe ein
du kaufst ein
sie kauft ein
er kauft ein
es kauft ein
wir kaufen ein
ihr kauft ein
sie kaufen ein
Sie kaufen ein

Ein es el **prefijo** separable del verbo einkaufen.

Ej.
Wir **kaufen** in diesem Laden **ein.**
(via kaufen in disem laden ain)
Compramos en esta tienda.

Verbos no separables

Son los verbos en los que el prefijo permanece junto a la raíz
del verbo.

Conjugación del verbo no separable **verkaufen** (fer-kaufen) Vender

ich verkaufe
du verkaufst
er verkauft
sie verkauft
es verkauft
wir verkaufen
ihr verkauft
sie verkaufen
Sie verkaufen

Ver es el **prefijo** del verbo verkaufen y **no es separable**.

Ej.
Wir **verkaufen** diese Bücher auf dem Markt.
(via ferkaufen dise büja auf dem markt)
Vendemos estos libros en el mercado.

Verbos auxiliares en alemán

Se utilizan para formar los tiempos verbales en alemán y son:
sein, haben y werden.

Conjugación del verbo **sein** (sain) Ser o estar

ich bin
du bist
sie ist
er ist
es ist
wir sind
ihr seid
sie sind
Sie sind

Conjugación del verbo **haben** (jaben) Tener

ich habe
du hast
sie hat
er hat
es hat
wir haben
ihr habt
sie haben
Sie haben

Conjugación del verbo **werden** (verden) Llegar a ser

ich werde
du wirst
sie wird
er wird
es wird
wir werden
ihr werdet
sie werden
Sie werden

Verbos modales en alemán

Los verbos modales son verbos que usamos para expresar
si algo es posible, deseos, necesidad, al hablar sobre
habilidades, pedir permiso o para hacer una petición.
Esos verbos son: **können, müssen, sollen, wollen, mögen,
möchten** y **dürfen**.

Cuando se usa un verbo modal se debe tomar en cuenta
que el verbo que complementa la oración se escribe **siempre
en infinitivo** (forma normal del verbo) y se coloca al final de
la oración.

Können (poder): posibilidad o habilidad
Ej. **Können** Sie mir **helfen**? (könen si mia jelfen)
¿Puede ayudarme?

Müssen (tener que): obligación
Ej. Wir **müssen** morgen **arbeiten**. (via müsen morguen arbaiten)
Tenemos que trabajar mañana.

Sollen (deber): sugerencias
Ej. Du **sollst** zum Arzt **gehen**. (du solst zum arzt gueen)
Debes ir al doctor.

Wollen (querer): deseo o intención
Ej. Ich **will** Wasser **trinken**. (ij vil vasa trinken)
Quiero tomar agua.

Dürfen (tener permitido): permiso
Ej. Sie **dürfen** hier nicht **rauchen**. (si dürfen jia nijt raujen)
No tiene permitido fumar aquí.

Mögen (gustar): afecto o gusto
Ej. Ich **mag** klassische Musik. (ij mag klasishe musik)
Me gusta la música clásica.

Möchten (me gustaría o quisiera): gusto o deseo
Ej. Ich **möchte** ein Bier **trinken**. (ij mögte ain via trinken)
Me gustaría beber una cerveza.

Conjugaciones de los verbos modales

Pronombre personal	können	müssen	sollen	wollen
ich	kann	muss	soll	will
du	kannst	musst	sollst	willst
er	kann	muss	soll	will
sie	kann	muss	soll	will
es	kann	muss	soll	will
wir	können	müssen	sollen	wollen
ihr	könnt	müsst	sollt	wollt
sie	können	müssen	sollen	wollen
Sie	können	müssen	sollen	wollen

Pronombre personal	dürfen	mögen	möchten
ich	darf	mag	möchte
du	darfst	magst	möchtest
er	darf	mag	möchte
sie	darf	mag	möchte
es	darf	mag	möchte
wir	dürfen	mögen	möchten
ihr	dürft	mögt	möchtet
sie	dürfen	mögen	möchten
Sie	dürfen	mögen	möchten

Verbos reflexivos

Son aquellos en los que la acción recae sobre el mismo sujeto
(persona u objeto). En español, estos verbos se caracterizan
por tener la terminación **-se**, por ejemplo: **moverse, alegrarse,
sentarse, entre otros.**

Para formar el verbo reflexivo se necesita un pronombre reflexivo
que corresponde a cada pronombre personal. Los pronombres
reflexivos en alemán se pueden usar en los casos acusativo
y dativo, pero en su mayoría se utilizan en acusativo.

Ej:
Ich **kämme** mich. (ij käme mij) Me peino.

Algunos verbos reflexivos en alemán son:

abkühlen (abqülen) **Enfriarse**
amüsieren (amüsiren) **Divertirse**
ärgern (ärguern) **Enfadarse**
bewegen (bebeguen) **Moverse**
erholen (erjolen) **Recuperarse**
freuen (froien) **Alegrarse**
setzen (setzen) **Sentarse**
treffen (trefen) **Encontrarse**
verabschieden (ferabshiden) **Despedirse**

Pronombre personal	Acusativo	Dativo
ich	mich	mir
du	dich	dir
er	sich	sich
sie	sich	sich
es	sich	sich
wir	uns	uns
ihr	euch	euch
sie	sich	sich
Sie	sich	sich

Acusativo

Ej.
Ich **freue** mich für dich. (ij froi mij füa dij)
Me alegro por ti.
Wir **treffen** uns nächste Woche um 3 Uhr.
(via trefen uns nexte voje um drai ua)
Nos encontramos la siguiente semana a las 3.

Dativo

Ej.
Ich **kaufe** mir ein Auto. (ij kaufe mia ain auto)
Me compro un auto.

TIEMPOS VERBALES EN ALEMÁN

Saber conjugar los verbos en alemán en cada tiempo verbal
es una parte fundamental en el aprendizaje de cualquier idioma
ya que sin ellos no es posible mantener una conversación
coherente, así sea muy sencilla.

Una de las ventajas que tiene el alemán sobre el español es que
tiene menos tiempos verbales y la conjugación de los
verbos es más fácil.

Veamos los tiempos verbales que existen en alemán.

PRESENTE (PRÄSENS)

El presente es el tiempo verbal más utilizado en alemán y no existe
diferencia en los usos que tiene en español pues se utiliza para
hablar de una acción que ocurre en el presente, rutinas o futuro.

Ej.
Sie **fliegt** morgen nach Deutschland.
(si fligt morguen naj doitchland)
Ella vuela a Alemania mañana.

fliegen: volar

PASADO (PRÄTERITUM)

Este tiempo se utiliza en en **lenguaje escrito** para expresarse de
forma muy formal, por ejemplo, en las noticias o en los libros.
En el lenguaje hablado se usa **siempre** el tiempo *Perfekt* para
referirse al pasado.

Ej.

Meine Mutter **schrieb** mir immer Briefe.

(maine muta shraib mia ima brife)

Mi mamá siempre me escribía cartas.

schrieb (pasado de schreiben) escribir

PRESENTE PERFECTO (PERFEKT)

Con el *Perfekt* se expresa una acción terminada en el pasado,
pero que también se puede volver a repetir en el futuro. En
inglés se puede comparar con el *Present Perfect*. Este tiempo
es el que se usa **para hablar** acerca del pasado en alemán.

Ej.

Im letzten Jahr **habe** ich Urlaub in Deutschland **gemacht**.

(im letzten yar jabe ij urlaub in doitchland guemagt)

El año pasado estuve de vacaciones en Alemania.

La peculiaridad del alemán en este tiempo es que se tienen que
utilizar los **verbos auxiliares** sein **y** haben para formar las frases
además del verbo principal que debe conjugarse en **Partizip II**
(los verbos en alemán se conjugan en tres formas: Infinitivo,
Pasado y Partizip II). El verbo **sein** se utiliza cuando el verbo
principal es de movimiento, por ejemplo: **gehen** (ir) o **fahren** (conducir) y cuando implica un cambio de estado, por ejemplo: **ster-
ben** (morir). El verbo **haben** se utiliza para lo opuesto de **sein**
y también cuando un verbo es reflexivo.

Ej.

Das Datum **hat sich verändert**. (das datum jat sij fer-ändert)

La fecha se cambió.

Con el verbo **sein** (sain) Ser o estar y **gehen** (gueen) Ir

ich bin gegangen (yo me fuí/yo he ido)
du bist gegangen
er ist gegangen
sie ist gegangen
es ist gegangen
wir sind gegangen
ihr seid gegangen
sie sind gegangen
Sie sind gegangen

Ej.
Ich **bin** ins Kino **gegangen.** (ij bin ins kino gueganguen)
Yo fui al cine.

Sujeto + sein + complemento + verbo en Partizip II
Puedes darte cuenta que el verbo auxiliar **sein** se conjuga en cada
pronombre personal y después el verbo principal que es gehen
se conjuga en **Partizip II** que es gegangen. El verbo en Partizip II
va siempre **al final** de la frase. La mayoría de verbos se conjugan
agregando ge- al principio del verbo y -t al final, pero si son irregulares el cambio es más notorio como es el caso de **gehen que
es un verbo irregular**. Sólo queda aprenderlos.

Con el verbo **haben** (jaben) Tener y **lernen** (lernen) Aprender

ich habe gelernt (yo aprendí/yo he aprendido)
du hast gelernt
er hat gelernt
sie hat gelernt
es hat gelernt
wir haben gelernt
ihr habt gelernt
sie haben gelernt
Sie haben gelernt

Ej.

Wir **haben** Deutsch **gelernt**. (via jaben doitch guelernt)
Nosotros aprendimos alemán.

Sujeto **+** haben **+** complemento **+** verbo en Partizip II

PASADO PERFECTO (PLUSQUAMPERFEKT)

Se utiliza para expresar acciones que han tenido lugar antes de un momento concreto en el pasado.

Ej.

Sie **hatte** sehr lange **geübt**, bevor sie das Stück
so perfekt spielen konnte.
(si jate sea langue gueübt, befoa si das shtük so perfekt
shpilen konte)
Ella ha ensayado durante mucho tiempo, antes
de poder tocar la pieza perfectamente.

Para construir este tiempo a diferencia del tiempo Perfekt sólo
necesitas los **verbos auxiliares sein y haben en pasado**.

Conjugación de verbos **sein** y **haben** en pasado

ich war	hatte
du warst	hattest
er war	hatte
sie war	hatte
es war	hatte
wir waren	hatten
ihr wart	hattet
sie waren	hatten
Sie waren	hatten

FUTURO I

Se utiliza principalmente para expresar una intención para
el futuro.

Ej.
Morgen **werde** ich meinen Koffer **packen**.
(morguen verde ij mainen kofa paken)
Mañana haré mi maleta.

Para formar este tiempo, es necesario utilizar la forma
en presente del verbo auxiliar **werden** y el infinitivo del verbo
complementario al final de la oración.
Verbo **lesen** (lesen) Leer

ich werde **lesen**
du wirst **lesen**
er wird **lesen**
sie wird **lesen**
es wird **lesen**
wir werden **lesen**
ihr werdet **lesen**
sie werden **lesen**
Sie werden **lesen**

Ej.
Sie **wird** das Buch **lesen**. (si vird das buj lesen)
Ella leerá el libro.

Sujeto + werden + verbo en infinitivo

FUTURO II /FUTURO COMPUESTO

El futuro compuesto expresa la suposición de que una acción estará acabada en el momento de hablar o en un momento concreto del futuro.

Para formar el Futuro II es necesaria la forma en presente de **werden**, el **Partizip II del verbo** y los verbos auxiliares **sein** y **haben** en infinitivo.

Ej.

Con **sein** y **laufen** (correr)

Con **haben** y **reparieren** (reparar)

ich **werde** gelaufen **sein**
du **wirst** gelaufen sein
er **wird** gelaufen sein
sie **wird** gelaufen sein
es **wird** gelaufen sein
wir **werden** gelaufen sein
ihr **werdet** gelaufen sein
sie **werden** gelaufen sein
Sie **werden** gelaufen sein

ich **werde** repariert **haben**
du **wirst** repariert haben
er **wird** repariert haben
sie **wird** repariert haben
es **wird** repariert haben
wir **werden** repariert haben
ihr **werdet** repariert haben
sie **werden** repariert haben
Sie **werden** repariert haben

Ej.
Er **wird** das Fahrrad **repariert** haben.
(er vird das farrad reparirt jaben)
Él tendrá su bicicleta reparada.

Sujeto + werden + Partizip II + sein o haben

Fluss Trave | **Lübeck**

Vocabulario para turistas

En esta dirección electrónica puedes descargar
audios del vocabulario y postales de regalo:
www.dropbox.com/sh/jv64n250thj1hbo/
AADJkmfxWcpGbzqqdmE7RKyia?dl=0

Primera conversación

Ich heiße.... (ij jaise) Yo me llamo…

Mein Name ist... (main name ist) Mi nombre es…

Wie heißen Sie? (vi jaisen si) ¿Cómo se llama usted?

Wie heißt du? (vi jaist du) ¿Cómo te llamas?

Woher kommen Sie? (vojea komen si)

¿De dónde viene usted?

Woher kommst du? (vojea komst du) ¿De dónde vienes?

Ich komme aus Mexiko...Argentinien... Brasilien

(ij kome aus Mexiko, Arguentinien, Brasilien)

Yo soy de México… Argentina… Brasil

Ich mache Urlaub in Deutschland

(ij maje urlaub in doitchland)

Estoy de vacaciones en Alemania

Ich bleibe eine Woche. (ij blaibe aine voje)

Me quedaré una semana

Ich besuche München...Köln....(ij besuje münjen, köln)

Yo visito Múnich, Colonia…

Ich lerne Deutsch (ij lerne doitch) Yo aprendo alemán

Ich kann ein bisschen Deutsch sprechen

(ij kan ain bisien doitch shprejen)

Puedo hablar un poco de alemán

Sprechen Sie Spanisch, Deutsch, Englisch?

(shprejen si spanish, doitch, english)

¿Habla usted español, alemán, inglés?

Ja, ich spreche Spanisch, Deutsch, Englisch

(ya, ij shpreje spanish, doitch, english)

Sí, yo hablo español, alemán, inglés

Nein, ich spreche kein Spanisch, Deutsch, Englisch
(nain, ij shpreje kain spanish, doitch, english)
No, yo no hablo español, alemán, inglés
Können Sie mir helfen? (könen si mia jelfen)
¿Podría ayudarme?
Entschuldigung, wie viel Uhr ist es? (enshuldigung, vi fil ua
ist es)
Disculpe, ¿Qué hora es?

Saludos y despedidas

Hallo (jalo) Hola
Morgen/guten Morgen
(morguen/guten morguen) Buenos días
Guten Tag (guten tag) Buen día
Guten Abend (guten abend) Buenas tardes
Gute Nacht (gute nagt) Buenas noches
Wiedersehen (vidaseen) Hasta luego
Tschüss (tchus) Adiós

Agradecimiento y cortesía

Danke (danqué) Gracias
Dankeschön (danqueshön) Muchas gracias
Bitte (bite) Por favor
Bitteschön (biteshön) De nada, aquí tienes
Gerne (guerne) Con gusto
Sehr gerne (sea guerne) Con mucho gusto

Sorry (sorri) Lo siento
Entschuldigung (entshuldigung) Disculpa, disculpe
Kein Problem (kain problem) No hay problema

Indicaciones o direcciones

Rechts (regts) A la derecha
Links (links) A la izquierda
Geradeaus (gueradeaus) Derecho
Die Straße (di estrase) La calle
Der Block (dea bloc) La cuadra
Die Bushaltestelle (di busjalteshtele) La parada de autobús
Wo ist der Hauptbahnhof? (bo ist di jauptbanjof)
¿Dónde está la estación principal?
Wo ist die nächste U-Bahnstation?
(bo ist di näxte u-banestation)
¿Dónde está la estación más cercana del metro?
Wie komme ich zur U-Bahn? (bi come ij sur u-ban)
¿Cómo llego al metro?
Wie komme ich zum Museum? (vi come ij sum museum)
¿Cómo llego al museo?
Gibt es hier einen Supermarkt?
(gibst es jia ainen supermarkt)
¿Cómo llego al supermercado?
Wo ist diese Adresse? (vo ist dise adrese)
¿Dónde está esta dirección?

Lugares

offen (ofen) Abrir
geöffnet (gueöfnet) Abierto
geschlossen (gueshlosen) Cerrado
ziehen (sieen) Jalar
drücken (drüken) Empujar
Der Ausgang (dea ausgang) Salida
Der Eingang (dea aingang) Entrada
Die Toilette (di toilete) El sanitario
Der Laden (dea laden) La tienda
Die Polizei (politsai) La policía
Die Polizeistation (di politsaiestation) La estación de policía
Die Wechselstube (di begselshtube) El cambio de moneda
Das Hotel (das jotel) El hotel
Die Botschaft (di botshaft) La embajada
Die Karte (di carte) El mapa
Das Einkaufszentrum (das aincaufcentrum)
El centro comercial
Das Museum (das museum) El museo
Der Biergarten (dea biagarten) Jardín de la cerveza
Die Brücke (di brüke) El puente

Preguntas frecuentes

Wo ist die Toilette? (bo ist di toilete)
¿En dónde está el baño?
Haben Sie Empfehlungen? (jaben si empfelunguen)
¿Tiene alguna recomendación?

Haben Sie freie Zimmer für heute Nacht?

(jaben si fraie sima füa joite nagt)

¿Tiene habitación libre para esta noche?

Könnte ich bitte ein anderes Zimmer bekommen?

(könte ij bite ain anderes zimmer bekomen)

¿Me puedo cambiar de habitación?

Wo ist ein Einkaufszentrum? (bo ist ain aincaufcentrum)

¿En dónde hay un centro comercial?

Ich habe mich verlaufen, könnten Sie mir helfen?

(ij jabe mij ferlaufen, könten si mia jelfen)

Estoy perdido, ¿Me puede ayudar?

Gibt es einen Bus vom Flughafen in die Stadt?

(guibt es ainen bus fom flugjafen in di shtadt)

¿Hay un autobús desde el aeropuerto a la ciudad?

Ist das Wlan kostenlos? (ist das velan kostenlos)

¿El Wifi es gratis?

Gibt es Wlan hier? (guibt es velan jia) ¿Hay wifi aquí?

Wo ist der Bahnhof? (vo ist dea banjof)

¿Dónde está la estación de trenes?

Könnten Sie bitte ein Foto von mir machen?

(könten si bite ain foto fon mia majen)

¿Me podría tomar una foto?

Wo kann ich Guthaben kaufen? (vo kan ij gutjaben kaufen)

¿En dónde puedo comprar crédito para celular?

Transporte

Der Hauptbahnhof (di jauptbanjof) La estación central
Die U-Bahn (di u-ban) Metro subterráneo
Die S-Bahn (di es-ban)
Metro que va por fuera o tranvía
Der Zug (dea sug) El tren
Die Fahrkarte (di farcarte)
El boleto del transporte
Das Ticket (das tiket) El boleto
Der Bus (dea bus) El autobús
aussteigen (aushtaiguen) Salir
einsteigen (ainshtaiguen) Subirse
buchen (bujen) Reservar
Die Verspätung (di fershpetung) El retraso
Das Datum (das datum) La fecha
Die Reise (di raise) El viaje
Die Zeit (di sait) El tiempo
Wie spät ist es? (bi espet ist es)
¿Qué tan tarde es? ¿Qué hora es?
Wie weit ist die nächste U-Bahnstation entfernt?
(bi bait ist di näxte u-ban-estation entfernt)
¿Qué tan lejos está el metro?
Wo ist das Reisezentrum?
(vo ist das raisecentrum)
¿Dónde está el módulo de información de viajes?

Compras

Euro (oiro) Euros
gültig (gültig) Válido
Das Geld (das gueld) El dinero
Das Restgeld (das restgueld) El cambio
Die Münzen (di müntcen) Las monedas
Der Geldschein (dea gueldshain) El billete
günstig (günstig) Oportuno en precio
Das Bargeld (das bargueld) Dinero en efectivo
Wie viel kostet es? (vi fil costet es) ¿Cuánto cuesta?
Wie viel kostet das? (vi fil costet das) ¿Cuánto cuesta eso?
Nehmen Sie auch Kreditkarten? (nemen si auj creditcarten)
¿Acepta también tarjetas de crédito?

Aeropuerto

Der Flughafen (dea flugjafen) El aeropuerto
Wo ist der Flughafen? (bo ist dea flugjafen)
¿En dónde está el aeropuerto?
Das Flugticket (das flugtiket) El boleto de avión
Das Reisebüro (das raisbüro) Agencia de viajes
Das Gepäck (das guepek) El equipaje
Wo ist die Gepäckausgabe? (bo ist di guepek-ausgabe)
¿En dónde es el retorno de equipaje?
Der Koffer (dea kofa) La maleta
Das Übergepäck (das übaguepek)
El exceso de equipaje

Wie viel kostet das Übergepäck?
(vi fil costet das übaguepek)
¿Cuánto cuesta el exceso de equipaje?
landen (landen) Aterrizar
fliegen (fliguen) Volar
Erste Klasse (erste clase) Primera clase
Der Reisepass (dea raispas) El pasaporte
Die Ticketnummer (dea tiketnuma) Número de boleto
Die Flugbuchung (di flugbujung) La reservación de vuelo
Wo ist mein Gate? (bo ist main gueit)
¿Dónde está mi puerta de abordaje?

Actividades

Wie heißt dieser Ort? (vi jaist disa ort)
¿Cómo se llama éste lugar?
Wo könnten Sie mir empfehlen zu Abend zu essen?
(vo könten si mia empfelen zu abend zu esen)
¿Dónde me recomienda ir a cenar?
Kennen Sie einen guten Ort, um ein Bier trinken zu gehen?
(kenen si ainen guten ort, um ain bia trinken zu gueen)
¿Conoce un buen lugar para beber una cerveza?
Kennen Sie einen guten Ort um landestypisch Essen zu gehen?
(kenen si ainen guten ort um landestypisch esen zu gueen)
¿Conoce un buen lugar para comer comida típica?
Was machen wir jetzt? (vas majen via yetst)
¿Qué hacemos ahora?

Comida

Ich möchte gerne ein... (ij möjte guerne ain) Yo quisiera un…
Ich hätte gern... (ij häte guern) Yo quiero
Der Preis (dea prais) El precio
Pommes (pomes) Papas fritas
***Sprudelwasser** (sprudel vasa) Agua mineral
Stilles Wasser (stiles vasa) Agua sin gas
Zum Mitnehmen, bitte (su mitnemen, bite)
Para llevar, por favor
Zum Hier essen, bitte (jia esen, bite)
Para comer aquí, por favor
Ein Bier (ain bia) Una cerveza
Einen Kaffee (ain cafe) Un café
Ein Stück (ain shtük) Una pieza
Eine Schokolade (aine shocolade) Un chocolate
Zahlen, bitte! (zalen bite) Pagar, por favor
Die Rechnung, bitte (di regnung, bite) La cuenta por favor
Das Menü (das menü) El menú
Einmal Hamburger (ainmal jamburga) Una hamburguesa
Einmal Pizza (ainmal pizza) Una pizza
Einmal eine Kugel Eis (ainmal aine cuguel ais)
Una bola de helado
Einmal zwei Kugeln Eis (ainmal tsvay cugueln ais)
Dos bolas de helado
Das Trinkgeld (das trinkgeld) Propina
Wasser (vasa) Agua

*Si pides agua en Alemania seguramente te darán agua mineral, por lo que tienes que especificar antes si es *Sprudelwasser* o *stilles Wasser.*

Ich bin satt, danke (ij bin sat, danke)
Estoy satisfecho, gracias
Könnten wir das Menü haben, bitte?
(könten via das menü jaben, bite)
¿Me podría mostrar el menú, por favor?

Clima

kalt (kalt) Frío
warm (varm) Cálido
heiß (jais) Caluroso
windig (vindig) Ventoso
sonnig (sonig) Soleado
eisig kalt (aisig kalt) Helado
nass (nas) Húmedo
Der Regen (dea reguen) La lluvia
Der Schnee (dea shne) La nieve
Die Klimaanlage (di klimanlague) Aire acondicionado
Die Heizung (di jaisung) Calefacción
Es ist kalt (es ist kalt) Hace frío
Es ist eisig kalt (es ist aisig kalt) Está helado
Es ist warm (es ist varm) Está templado
Es ist heiß (es ist jais) Hace calor
Mir ist kalt (es ist mia kalt) Tengo frío
Mir ist heiß (es ist mia jais) Tengo calor
Es regnet (es regnet) Está lloviendo
Der Regenschirm (dea regnenshrim) La sombrilla
Die Sonnenbrille (di sonenbrile) Lentes de sol
Die Sonnencreme (di sonencreme) Bloqueador solar
Warme Klamotten (varme klamoten) Ropa cálida

Der Mantel (dea mantel) El abrigo

Die Winterstiefel (di vintashtifel) Las botas de invierno

Die Mütze (di mütze) El gorro

Wie sieht das Wetter morgen aus?

(vi sit das veta morguen aus)

¿Cómo estará el clima mañana?

Wie ist das Wetter in Berlin...Hamburg?

(vi ist das veta in...)

¿Cómo es el clima en Berlín...Hamburgo?

Wie ist das Wetter heute? (vi ist das veta joite)

¿Cómo está el clima hoy?

Números

Una de las peculiaridades de los números en alemán es leer los números al revés, es decir, primero la unidad y luego la decena. Esto sucede a partir del número 13 *dreizehn* (tres-diez).

0 Null (nul)

1 Eins (ayns)

2 Zwei (tsvay)

3 Drei (dray)

4 Vier (fia)

5 Fünf (füinf)

6 Sechs (seks)

7 Sieben (siiben)

8 Acht (ajt)

9 Neun (noin)

10 Zehn (seen)

11 Elf (elf)

12 Zwölf (tswölf)

13 Dreizehn (draytseen)

14 Vierzehn (fiatseen)

15 Fünfzehn (fuinftseen)

16 Sechzehn (sechtseen)

17 Siebzehn (sibtseen)

18 Achtzehn (ajtseen)

19 Neunzehn (nointseen)

20 Zwanzig (tsvantsig)

21 Einundzwanzig (ain-und-tsvantsig)

22 Zweiundzwanzig (tsvay-und-tsvantsig)

23 Dreiundzwanzig (drei-und-tsvantsig)

30 Dreißig (drayzig)

40 Vierzig (fiatzig)

50 Fünfzig (füinftsig)

60 Sechzig (sejtsig)

70 Siebzig (sibtsig)

80 Achtzig (ajtsig)

90 Neunzig (nointsig)

100 Hundert (jundert)

200 Zweihundert (tsvay jundert)

300 Dreihundert (dray jundert)

1.000 Eintausend (ain tausend)

Los colores
Todos son género neutro (Das).

Die Farben (di farben) Los colores
Gelb (guelb) Amarillo
Blau (blau) Azul
Weiß (vais) Blanco
Rosa (rosa) Rosa
Grau (grau) Gris
Lila (lila) Morado
Braun (braun) Marrón
Schwarz (shvarts) Negro
Orange (oransh) Naranja
Rot (rot) Rojo
Grün (grün) Verde

Palabras que no tienen traducción en español

Wanderlust (banderlust) Deseo fuerte de viajar
Heimweh (jaimve) Dolor que sientes cuando estás
lejos de tu hogar
Schadenfreude (shadenfroinde) Alegrarse del mal ajeno
Freitzeitstress (fraizait-estres) Tienes tiempo libre y tantos
planes por hacer que te estresas
Feierabend (faierabend) La jornada laboral ha terminado
Ohrwurm (oavorm) Canción tan "pegadiza" que se mete
en la cabeza y se repite una y otra vez
Kummerspeck (kumershpek) Peso que se gana cuando
comes demasiado por razones sentimentales

Gemütlichkeit (guemüt-ligkait) Sensación de sentirse cómodo en casa

Sandkastenfreund (sandkastenfroind) Amigo que has conocido desde la infancia

Fernweh (fernbe) Se refiere al sentimiento de extrañar un lugar en el que nunca has estado

Vorfreude (foafroide) Estado de ánimo que experimentas al pensar que está a punto de suceder algo bueno

Verbos más usados en alemán

sein (sain) ser o estar

haben (jaben) tener

werden (verden) llegar a ser

können (könen) poder

müssen (müsen) tener que

sagen (saguen) decir

machen (majen) hacer

geben (geben) dar

kommen (komen) venir

sollen (solen) deber

wollen (volen) querer

gehen (gueen) ir

wissen (visen) saber

sehen (seen) ver

lassen (lasen) dejar

hören (jören) escuchar

finden (finden) encontrar

bleiben (blaiben) quedarse, permanecer
fliegen (fligen) volar
heißen (jaisen) llamarse
denken (denken) pensar
nehmen (nemen) tomar
tun (tun) hacer
dürfen (dürfen) tener permitido
glauben (glauben) creer
nennen (nenen) llamar
mögen (möguen) gustar
zeigen (saiguen) mostrar
sprechen (shprejen) hablar
bringen (bringuen) traer
leben (leben) vivir
fahren (faren) manejar
meinen (mainen) opinar
fragen (fraguen) preguntar
kennen (kenen) conocer
stellen (shtelen) colocar
spielen (shpilen) jugar
arbeiten (arbaiten) trabajar
brauchen (braujen) necesitar
folgen (folguen) seguir
lernen (lernen) aprender, estudiar
lieben (liben) amar
verstehen (fershteen) entender
bekommen (becomen) obtener
beginnen (beguinen) empezar
erzählen (ersälen) contar, platicar
versuchen (fersujen) intentar

schreiben (shraiben) escribir

laufen (laufen) caminar, correr

erklären (erkleren) explicar

ziehen (sieen) jalar

fallen (falen) caer

gehören (guejören) pertenecer

treffen (trefen) encontrarse

suchen (sujen) buscar

legen (leguen) poner, colocar algo

vorstellen (foashtelen) presentar, imaginar

tragen (traguen) cargar, vestir

lesen (lesen) leer

verlieren (ferliren) perder

reden (reden) hablar

anfangen (anfanguen) empezar

erwarten (ervarten) esperar algo de alguien

warten (varten) esperar algo

helfen (jelfen) ayudar

gewinnen (guevinen) ganar

fühlen (fülen) sentir

bieten (biten) ofrecer

interessieren (interesiren) interesar

studieren (shtudiren) estudiar

gelten (guelten) valer, ser válido

reisen (raisen) viajar

Agradecimientos

¡Gracias por leer mi libro!

Me encantaría saber la opinión que tienes sobre

mi libro y así poder mejorar la siguiente versión.

Por favor, déjame una opinión útil en Amazon.

¡Gracias!

-Leslie Urrutia Rodríguez-

9 786072 922396